Mit herzlichen Segenswünschen

Ekkehard Graf

Gesund und munter

Kräuter und Gewürze in der Bibel

Agentur des Rauhen Hauses Hamburg

Gesund und munter

Nicht erst heutzutage gilt es als ein Ideal, gesund und munter zu leben. Schon in biblischer Zeit waren die Menschen darum bemüht, gesund zu werden oder gesund zu bleiben. Hierzu hatten sie noch lange nicht die medizinischen Möglichkeiten von heute. Aber sie wussten um die Heilwirkung vieler Pflanzen und verwendeten diese dann auch.
Auch ist ein fröhliches, munteres Leben zu allen Zeiten erstrebenswert gewesen. Alles, was das Leben angenehm und schön macht, ermuntert die Seele und lässt uns neue Kräfte schöpfen. Dazu zählen alle Annehmlichkeiten der Körperpflege mit gutem Parfüm und edlen Salben. Genauso dienen schmackhafte Speisen dem Zweck, den Gaumen und damit den ganzen Menschen

zu erfreuen. Hierzu bedarf es erlesener Gewürze, die so richtig für Geschmack sorgen.
Von beidem ist hier die Rede: von den Kräutern in biblischer Zeit mit ihrer heilenden Wirkung und den Duftstoffen und Gewürzen, die allesamt seit damals bekannt sind und noch heute Verwendung finden. Und weil biblische Texte immer auch mit unserem Leben zu tun haben, heißt es, auch diesem Sachverhalt auf die Spur zu kommen. Damals wie heute gilt, dass Gott es mit uns Menschen gut meint und uns Gutes gönnt. Der israelitische König David bemerkte in einem seiner Psalmen, dass alle Menschen „gern gut leben und schöne Tage sehen" möchten. Und er stellte fest, dass Gott uns Heilung, Wohlgeruch und guten Geschmack schenkt. Deshalb singt David begeistert: „Schmecket und sehet, wie freundlich der Herr ist. Wohl dem, der auf ihn trauet!" (Psalm 34,9)

Das Salz

Ihr seid das Salz der Erde. Wenn nun das Salz nicht mehr salzt, womit soll man salzen? Es ist zu nichts mehr nütze, als dass man es wegschüttet und lässt es von den Leuten zertreten.

Matthäus 5,13

Jesus bezeichnete in der berühmten Bergpredigt seine Jünger als das Salz der Erde. Das heißt damals wie heute: Leute, die an den dreieinigen Gott glauben, bringen Würze ins Leben der Menschen. Wer seinen Glauben fröhlich lebt, wird andere dafür interessieren. Wer sich von Gott geliebt weiß, wird anderen liebevoll begegnen. Wer den Sinn des Lebens gefunden hat, wird anderen daran Anteil geben. Christen tun also anderen prinzipiell gut.

Salz ist Leben. Als wichtiges Gewürzmittel und zur Konservierung von Speisen hat es den Menschen seit jeher gedient. Da die Salzgewinnung im Bergbau oder aus Meerwasser aufwendig ist, war Salz in früheren Zeiten sehr kostbar; daher nannte man es das „weiße Gold". Durch den Salzhandel kamen Händler und Handelsstädte zu großem Reichtum. Übrigens: Hierzulande wurde die Salzsteuer erst 1993 abgeschafft!

Aber Jesus warnte zugleich vor der Gefahr, im Glauben fad und belanglos zu werden. Oberflächlicher oder gar aufgesetzter Glaube ist so wertlos wie Salz, das nicht mehr würzt. Deshalb sind Christen gut beraten, ihr Leben in enger Verbundenheit mit Gott zu führen. So bleiben sie geschmackvoll und anregend. Dann können andere von ihrem würzigen und ansprechenden Lebensstil profitieren. Das betonte auch der Apostel Paulus: „Eure Rede sei allezeit freundlich und mit Salz gewürzt, dass ihr wisst, wie ihr einem jeden antworten sollt.“ (Kolosser 4,6)

Anwendung heute

Auch heute noch ist Salz das wichtigste Gewürz bei der Speisezubereitung. Mit Salz werden nahezu alle Gerichte abgeschmeckt und verfeinert. Ohne Salz könnte kein Mensch existieren, da die im Salz enthaltenen Mineralstoffe den Wasserhaushalt des Körpers regeln. Und wer schon mal einen Rotweinfleck hatte, weiß, wie wichtig Salz außerdem noch ist …

Die Minze

Weh euch Pharisäern! Denn ihr gebt den Zehnten von Minze und Raute und allerlei Gemüse, aber am Recht und an der Liebe Gottes geht ihr vorbei. Doch dies sollte man tun und jenes nicht lassen.

Lukas 11,42

Jesus erwähnte die Minze in einer Auseinandersetzung mit den Pharisäern. Was heute als Schimpfwort für scheinheiliges Verhalten verwendet wird, war damals eine religiöse Gruppierung im Judentum, der ein ernsthaft praktizierter Glaube wichtig war. Grundsätzlich teilte Jesus ihr Anliegen – die alt-testamentlichen Gebote einzuhalten und von allem, was geerntet wurde, zehn Prozent an den Tempel abzuführen. Hier aber kritisierte er die Neigung der Pharisäer, im religiösen Eifer maßlos

Die krautartigen und frei wachsenden Minzen werden wegen ihrer aromatischen Blätter geschätzt. Die Menschen der Antike verwendeten die verschiedenen Minzen als Gewürze und Duftstoffe. Spätestens seit dem Mittelalter kennt man deren Heilwirkung in Tee und Aufgüssen. Auch gegen Ungeziefer sind Minzeblätter hilfreich.

über das Ziel hinauszuschießen. Am Beispiel der Minze wird dies deutlich: Vermutlich sprach Jesus von der im Vorderen Orient bis heute weitverbreiteten Rossminze. Die aber zählt zu den wild wachsenden Kräutern. Wenn die Pharisäer sogar von Wildpflanzen den Zehnten gaben, dann sah Jesus darin eine bloße Prinzipienreiterei um ihrer selbst willen. Wichtig war ihm vielmehr die Orientierung an Gott in den wichtigen Lebensbezügen, und die hatten die Pharisäer seiner Ansicht nach vollkommen vernachlässigt. Jesus betonte, dass

ein gerechter und liebevoller Umgang mit den Mitmenschen wichtiger ist als ein stures Festhalten an irgendwelchen Vorschriften.
Dies gilt auch heute noch: Nicht ein an Regeln ausgerichteter Glaube ist sinnvoll, sondern ein Glaube, der in enger Verbindung mit Gott Nächstenliebe praktiziert. Christen sind nur dort glaubwürdig, wo sich Gottes Liebe auch in ihrem Verhalten auswirkt. Dadurch kommen auch Gottes gute Gebote wieder zum Tragen.

Anwendung heute

Beliebt sind die Blätter der verschiedenen Minzen als erfrischender Tee. Heilwirkung entfaltet dieser bei Erkältungen und Verdauungsstörungen. Auch als Mundwasser zum Gurgeln empfehlen sich minzehaltige Produkte. Duftkissen und Aromatöpfe mit Minzeblättern erfüllen unsere Räume mit würzigem Duft.

Der Kalmus

In der Bibel wird Kalmus nur an einer Stelle erwähnt, dafür an einer ganz besonders wichtigen. Kalmus war neben Myrrhe, Zimt, Kassie und Olivenöl ein wichtiger Bestandteil für das Salböl im Heiligtum der Israeliten. Mit dieser besonders kostbaren Mischung sollten alle Gegenstände der Stiftshütte und später des Jerusalemer Tempels gesalbt und dadurch geheiligt werden.

Kalmus ist eine ursprünglich in Asien vorkommende Pflanze, die am Rand von Gewässern wächst. Aus dem Wurzelstock lässt sich das Kalmusöl gewinnen, das in der Medizin sowie zur Parfüm- und Likörherstellung verwendet wird. Angeblich findet sich Kalmusöl auch im geheim gehaltenen Rezept des Erfrischungsgetränks Coca-Cola.

Auch die Priester wurden gesalbt und damit für ihren Dienst am Heiligtum beauftragt. Der erste Hohepriester, dem dies widerfuhr, war Aaron, der Bruder des Mose. Mit dieser heiligen Handlung, der Salbung mit dem teuren Öl, sollte zum Ausdruck gebracht werden, dass ein einstiger Sklave und bis dahin ganz normaler Mensch zu einer besonderen Aufgabe ermächtigt wird (vgl. 2. Mose 30,22-33).

In späteren Zeiten, als mit Saul, David und Salomo die Ära der Königsherrschaft in Israel begann, wurden auch diese in einer heiligen Handlung mit dem exklusiven

Salböl begossen und in ihr Amt eingesetzt. Dies schlug sich sprachlich nieder, indem der von Gott zum Königtum Berufene nicht nur König genannt wurde, sondern auch „der Gesalbte", auf Hebräisch: Messias. Dieser Ehrentitel wurde später Jesus zugesprochen, in latinisiertem Griechisch: Christus. Indem Jesus nicht nur königlichen Anspruch, sondern zugleich eine priesterliche Funktion hatte, schließt sich der Kreis beim Salböl.

Anwendung heute

In der traditionellen asiatischen Medizin spielt Kalmusöl noch immer eine große Rolle. Seine ätherische Wirkung entfaltet sich in Salben für die Haut, Dampfbädern gegen Erschöpfung und Tees bei Appetitmangel. Kalmusöl kommt in der Herstellung von Magenbitter-Likören heute noch vielfach zur Anwendung, sogar in Mundwassern und Badezusätzen ist es mitunter vorhanden. Spuren von Kalmus finden sich in indischen Gewürzmischungen und im Curry.

Maria nahm ein Pfund Salböl von unverfälschter, kostbarer Narde und salbte die Füße Jesu und trocknete mit ihrem Haar seine Füße; das Haus aber wurde erfüllt vom Duft des Öls.

Johannes 12,3

Die Narde

Das muss ein ganz besonderer Wohlgeruch dort im Haus in Betanien gewesen sein. Eigentlich war es eine Zusammenkunft der Männer, aber Maria kam einfach herein und ging wortlos zu Jesus. Sie goss das wertvolle Nardenöl über Jesu Füße – die anderen Evangelisten berichten, sie habe es auf Jesu Haupt gegossen. Jesus ließ sich das gern gefallen, denn außer dem guten Geruch war das auch eine Wohltat für seine Füße. Heute kennen wir dies von Fußmassagen mit Duftöl.

Was Maria tat, war sichtbarer Ausdruck ihrer Liebe und Dankbarkeit. Sie nahm ihren kostbarsten Besitz im Wert von einem Jahresverdienst und machte Jesus damit eine große Freude. Die anwesenden Jünger aber nahmen daran Anstoß. Mit dem Gegenwert hätte, anstatt das Öl so zu verschwenden, vielen Armen geholfen werden können. Doch Jesus wies ihre Kritik zurück. Was ihm an Liebe erwiesen wird, ist nie Verschwendung. Wer sich Gott ganz hingibt, wirkt auf andere vielleicht seltsam, tut aber genau das Richtige. Das gilt noch heute, ob mit oder ohne kostbare Narde.

Die Indische Narde ist eine krautartige Pflanze, die vor allem in ihrer Wurzel ein aromatisches, ätherisches Öl enthält. In der Antike war Narde im ganzen Mittelmeerraum eine besonders teure Substanz für die Parfüm- und Heilmittelherstellung und wurde aus Indien importiert. Ihr Geruch galt als unübertroffen.

Conrad Ferdinand Meyer

Die Narde

Die brave Marthe tat, was sie vermocht',
Sie rupfte, spickte, briet und sott und kocht',
Sie schob dem Herrn die braunsten Kuchen zu,
Und: „Diesen," sagt' sie, „Herr, versuche du!"

Maria nahte, die den schlanken Krug,
Gefüllt mit einer seltnen Narde, trug.
Sie neigt' das Knie, den Krug. Die Narde floss.
Sie neigt' das Herz, das strömend sich ergoss.

In der beseelten Hand Mariens ruht'
Der edle Fuß. Drauf quoll der Narde Flut.
Ihn abzutrocknen, löste sie des Haars
Geschlungnen Knoten. Blond und seiden war's.

Ein spitz Geflüster regte sich am Tisch,
Wie der getretnen Viper scharf Gezisch:
„Das duftet! Tausend oder mehr Denar
Verduften mit! Ich wollt', wir hätten's bar!

Bei Levi legten wir's auf Zins geschwind
Und draus erzögen wir ein Waisenkind –"
„Still", sagt' der Göttliche, „lass unentweiht,
Judas! Wer liebt, verschwendet allezeit."

Der Ysop

Entsündige mich mit Ysop, dass ich rein werde; wasche mich, dass ich schneeweiß werde.

Psalm 51,9

Als König David in große Schuld geraten war, wusste er, dass nur noch Ysop helfen kann. Darum bat er in dem eindrücklichen Bußgebet Psalm 51 darum, dass Gott ihn mit Ysop entsündige. Tatsächlich hat die moderne medizinische Forschung festgestellt, dass Ysop bei manchen Formen von Pilzbefall heilende Wirkung hat. Die Pflanze bildet zu bestimmten Zeiten penizillinartige Aussonderungen, die bei Hautkrankheiten eine reinigende Wirkung haben können.

Im Alten Testament ist mehrmals von Ysop die Rede, wenn es um reinigende und rettende Handlungen geht. Mit in Blut getränkten Ysopbüscheln markierten die Israeliten ihre Türpfosten, wodurch sie von der schlimmsten Plage in Ägypten verschont blieben. Die Priester verwendeten Ysop zur kultischen Reinigung des Heiligtums. Ysop galt als unerlässlich für jegliche Form der Reinigung in religiöser Hinsicht. Mit ihm verband sich immer der Gedanke, dass man rein werden musste, um Gott begegnen zu können. Ysop war damit ein Zeichen der Vergebung Gottes.

Ysop wächst als niedriges Gebüsch ca. 70 cm hoch. Im alten Israel wurde er für kultische Reinigungen verwendet. Um in Räumen die Luft zu verbessern, kam er in der Antike ebenfalls zur Anwendung. Die Römer nutzten ihn sogar zur Weinherstellung, während im Mittelalter Liköre mit Ysop aromatisiert wurden.

Anwendung heute

Frische Ysopblätter und -blüten eignen sich zum Würzen von Salaten und Quark. Getrocknet verfeinern sie Soßen, Fleisch- und Fischgerichte. Im Garten neben Kohl gepflanzt, schützt Ysop vor den schädlichen Kohlweißlingen. Hildegard von Bingen empfahl Ysop bei Husten und Lungenleiden.

Im Neuen Testament wird Ysop im Zusammenhang mit Jesu Tod am Kreuz genannt. Mithilfe eines Ysoprohrs wurde dem durstigen Gottessohn Essig gereicht, der durch den Ysop wohl betäubende Wirkung hatte. Das heißt, in dem Moment, als Jesus durch seinen Tod Vergebung für alle Menschen erwirkte, kam er mit Ysop in Berührung. Das war kein Zufall und zeigt uns heute, dass auch für uns Ysop ein Zeichen der Vergebung ist. Wie David können auch wir heute Gott durch Jesus bitten: Entsündige mich, dass ich rein werde.

Das Senfkorn

Das Reich Gottes ist wie ein Senfkorn: wenn das gesät wird aufs Land, so ist's das kleinste unter allen Samenkörnern auf Erden; und wenn es gesät ist, so geht es auf und wird größer als alle Kräuter und treibt große Zweige, sodass die Vögel unter dem Himmel unter seinem Schatten wohnen können.

Markus 4,31-32

Jesus griff gern auf Bilder aus dem Alltag zurück, um den Glauben an Gott zu erklären. Das Senfkorn ist denkbar klein – kaum millimetergroß, scheint es keine besondere Wirkung hervorzurufen. Doch aus nur einem einzigen Samen kann ein mannshoher Busch entstehen, in Einzelfällen beim schwarzen Senf sogar bis zu fünf Meter hoch. Daran erinnerte Jesus seine Zeitgenossen, die daran zweifelten, ob aus einer kleinen Bewegung überhaupt etwas Sinnvolles entstehen könne.

Es gibt weißen, braunen und schwarzen Senf. Schon in prähistorischer Zeit wurde Senf genutzt. Zu Lebzeiten Jesu wurde Senf gezielt gepflanzt, um aus den Körnern Öl zu gewinnen und sie für kulinarische Zwecke zu verwenden. Die Römer verwendeten Senf für vielfältige Gerichte wie auch zu medizinischen Zwecken.

Mit dem Verweis auf das unscheinbare Senfkorn, das eindrucksvolle Pflanzen hervorbringen kann, ermutigte Jesus die Menschen, auf Gottes Wirken zu vertrauen.
Auch was vordergründig nur klein wirkt, kann Großes hervorbringen. Schon kleine Handreichungen und kleine Aufmerksamkeiten können anderen Menschen eine große Hilfe sein und große Freude bewirken.
In einem weiteren Gespräch verdeutlichte Jesus seinen Jüngern, dass es beim Glauben nicht auf Leistung und Größe ankommt. Er sagte: „Wenn ihr Glauben habt wie ein Senfkorn, so könnt ihr sagen zu diesem Berge: Heb dich dorthin!, so wird er sich heben; und euch wird nichts unmöglich sein." (Matthäus 17,20)
Auch uns traut Jesus zu, dass wir durch unseren Glauben etwas bewegen. Dazu bedarf es nur unseres Vertrauens auf Gott, der Kleines entfaltet.

Anwendung heute

Gemahlene Senfkörner, gemischt mit Essig und Gewürzen, ergeben verschiedenste Senfsorten. Weiße Senfkörner sind gut zum Einlegen von Senfgurken. Gemahlene braune oder schwarze Senfkörner werden mit Wasser angesetzt. Die so entstandene Paste kann Speisen verfeinern oder Rheuma- und Arthritisschmerzen lindern.

Der Safran

An nur einer Stelle in der Bibel wird Safran genannt. König Salomo besingt im alttestamentlichen Hohelied seine Geliebte und wird nicht müde, sie in höchster Poesie zu rühmen und zu ehren. Er vergleicht sie mit einem „Lustgarten“ voll edler Früchte und erlesener Gewürze, darunter auch Safran (Hohelied 4,13). Diese Begeisterung über einen anderen Menschen, den man lieb

Safran ist eine Krokuspflanze und stellt das teuerste und zugleich wirkungsvollste Gewürz dar. Schon eine kleine Prise würzt und färbt eine Speise eindeutig. Weil nur die Stempelfäden der Blüte diese Wirkung erzielen, ist die Gewinnung von nur wenigen Gramm sehr aufwendig. Schon in der Antike war Safran sehr gefragt und teuer.

hat, bringt immer wieder neue Bilder und Vergleiche hervor.

Das Hohelied macht im Gegensatz zu allen anderen biblischen Büchern keine Glaubensaussagen, sondern beschreibt ausführlich und ideenreich die Liebe zwischen Mann und Frau. Dies zeigt, dass die höchsten Gefühle, die ein Mensch erleben kann, zu Recht ihren Platz in der Bibel haben. Wer dem christlichen Glauben unterstellt, leibfeindlich zu sein, der werfe einen Blick ins Hohelied! Seine beeindruckenden Bilder menschlicher Liebe hat die christliche Auslegung zugleich auch als Abbild für die Liebe Jesu zu den Glaubenden gedeutet, indem sie die christliche Gemeinde wiederholt als Braut Gottes bezeichnet.

Wenn König Salomo seine Geliebte mit einem Garten vergleicht, in dem der Safran blüht, dann zeigt dies seine hohe Wertschätzung. Tatsächlich wurde im Altertum Safran auch verwendet, um den Brautschleier gelb zu färben. In weit höherem Maß liebt auch Jesus seine Braut, die christliche Gemeinde. Obwohl es in den Kirchen allzu oft menschelt und es selten so edel und kostbar zugeht, wie der Safran ist, so hält Jesus dennoch seiner Braut die Treue und zeigt seine Wertschätzung, indem der Heilige Geist für Vergebung und Frieden sorgt.

In Gottes Augen sind wir wert geachtet – das ist noch viel besser als Safran!

Anwendung heute

Viele kennen noch die Zeile aus dem Kinderlied: „Safran macht den Kuchen gehl." In der Tat lässt sich Rührkuchen mit ganz wenig Safran wunderschön gelb färben. Auch Reisgerichte bekommen nicht nur eine kräftige Farbe, sondern auch einen besonders würzigen Geschmack. Eine weitere Spezialität ist das süße Safran-Früchtebrot.

Die Zimtkassie

Du liebst Gerechtigkeit und hassest gottloses Treiben; darum hat dich der Herr, dein Gott, gesalbt mit Freudenöl wie keinen deinesgleichen. Deine Kleider sind lauter Myrrhe, Aloe und Kassia.

Psalm 45,8-9

In einem Loblied auf einen der Könige in Jerusalem wird die Zimtkassie erwähnt. Zusammen mit Aloe und Myrrhe verbreitete die Kassie einen köstlichen Duft, der von der Kleidung des Königs ausging. Dies war ein besonders exklusiver Geruch, denn der Import des wohlriechenden Kassiaöls nach Israel war sehr teuer.

Dem solchermaßen besungenen Herrscher wurde bestätigt, dass er ein guter Regent ist in seiner Liebe zur Gerechtigkeit und seiner Abnei-

Gleich doppelt nutzbar ist die Zimtkassie: aus den aromatischen Blättern und Blüten lässt sich wohlriechendes Kassiaöl gewinnen; aus der inneren Rinde kann Zimt hergestellt werden, wenn auch kein so feiner wie aus dem Ceylon-Zimtbaum. Die immergrüne Pflanze ist weitverbreitet.

gung gegenüber dem gottlosen Leben. Daher hatte anscheinend Gott selbst ihn zum König gesalbt, wofür ein sogenanntes Freudenöl verwendet wurde, das wohl dem Salböl für Priester und Könige entspricht. Dennoch meint der Begriff Freudenöl noch mehr. Hier empfängt einer nicht nur Schutz und Segen von Gott, sondern zugleich auch Freude. Diese Freude haftet als Zimtkassienduft an seinen Kleidern. Denn Gott ist ein Gott der Freude.

Noch heute lässt sich der Zusammenhang von Gerechtigkeitsliebe eines Menschen und einem daraus resultierenden Segen von Gott vielfach entdecken. Das bleibt dann nicht eine individuelle Situation, sondern wird für andere zu etwas sehr Angenehmem. So wie der Duft der Zimtkassie, Aloe und Myrrhe von den königlichen Gewändern ausgeht, haben Menschen, die bewusst mit Gott leben, oft eine freundliche, positive Ausstrahlung auf andere.

Anwendung heute

Als Gewürz ist Zimt vor allem in Verbindung mit Zucker beliebt. Frisch gebackene Zimtsterne beispielsweise erzeugen in den Häusern den beliebten, typischen Geruch der Vorweihnachtszeit. Hildegard von Bingen empfahl das Zimtöl als Heilmittel bei Zahnschmerzen und Zimtpulver bei Kopfschmerzen oder Atemwegsbeschwerden.

Als die Weisen aus dem Morgenland den Stern sahen, wurden sie hocherfreut und gingen in das Haus und fanden das Kindlein mit Maria, seiner Mutter, und fielen nieder und beteten es an und taten ihre Schätze auf und schenkten ihm Gold, Weihrauch und Myrrhe.

Matthäus 2,10-11

Die Myrrhe

Für uns gehört Myrrhe in die Weihnachtszeit. Sie zählt zu den Geschenken, die die Weisen aus dem Morgenland mitbringen, um Jesus als dem neugeborenen König in Israel zu huldigen. An den Marktständen auf einem arabischen Basar kann man noch heute Gold, Weihrauch und Myrrhe nebeneinander finden.

So ist die Myrrhe im Leben von Jesus schon seit seiner Geburt von großer Bedeutung. Auch das kostbare Öl, mit dem Priester und Könige ge-

Das Wort Myrrhe kommt aus dem semitischen Sprachraum und bedeutet „bitter“. Es ist das Harz, das aus einem Balsambaumgewächs gewonnen wird. An Einschnitten im Stamm oder Geäst der Pflanze bilden sich tränenförmige Tropfen, die gummiartig aushärten und einen bitteren, aromatischen Geruch verbreiten. Aus dem Orient stammend, war Myrrhe in der ganzen Antike begehrt und diente zur Herstellung von Parfüm, Salböl, Gewürz und Medizin.

salbt und damit in ihr Amt eingesetzt wurden, enthielt Myrrhe. Insofern ist das Geschenk der Weisen ein Hinweis darauf, dass es sich bei Jesus um einen Gesalbten handelt, hebräisch: ein Messias, lateinisch: ein Christus.

Auch am Ende seines Lebens auf der Erde kommt die Myrrhe wieder vor. Bevor Jesus ans Kreuz geschlagen wird, reicht man ihm ein Mischgetränk aus saurem Wein und Myrrhe, das die Schmerzen betäuben soll. Doch Jesus lehnt diesen bitteren Trank ab. Und nach seinem Tod wird Jesu Leichnam vor der Grablegung mit Myrrhesalbe eingerieben.

Bis heute lässt sich Jesus Christus mit Myrrhe vergleichen: In seiner Liebe ist er wie ein wohltuender Geruch. Er heilt Verletzungen durch seine Vergebung. Jesus ist als Gottes Sohn der wahre König.

Anwendung heute

Bei Entzündungen der Mundschleimhaut hilft Myrrhentinktur. Sie desinfiziert die entzündete Haut, wirkt zusammenziehend und beschleunigt die Narbenbildung. Auch bei Bronchitis und Darmentzündungen ist Myrrhe hilfreich, indem man sie zerkaut. Sie schmeckt aber sehr bitter, daher empfiehlt sich die Einnahme in Tablettenform.

Kräuter und Gewürze in der Christenheit

Gewürze hatten für Christen zunächst keine besondere religiöse Bedeutung. Sie gebrauchten sie wie ihre nichtchristlichen Nachbarn. Von Kräutern mit heilender Wirkung hielten sich die ersten Christen bewusst fern; in ihren Augen haftete Heilkräutern etwas Heidnisches an. Erst im frühen Mittelalter, als das Christentum die dominierende Religion in Europa war, verbanden sich Alltag und Glaube wieder stärker mit Heilkräutern. In der Volksfrömmigkeit wurden die Heiligen mit bestimmten Heilkräutern in Verbindung gebracht, was sich bis heute in mancher Bezeichnung niederschlägt, etwa beim Johanniskraut und dem Josefskraut.

Vor allem die Klöster machten sich um die Pflege der Kräuter und die Erforschung ihrer Heilwirkung verdient. Klosterbibliotheken sammelten und bewahrten antike Literatur und überlieferten so manches alte Wissen von medizinischen Anwendungen. Durch weitere Forschungen, gezielten Anbau und durch Kultivierung von Gewürzen und Heilkräutern wuchsen die Heilmöglichkeiten für viele Krankheiten. So entstanden ganze Klosterapotheken.

Besonders hervorgetan hat sich die Klostervorsteherin von Bingen, die Äbtissin Hildegard (1098–1179). Sie beschrieb in naturkundlichen und botanischen Abhandlungen, welche Pflanzen heilend wirken. Wichtig war ihr dabei

der ganzheitliche Blick auf den Menschen: Hildegard ging es nicht nur um den gesunden Leib, sondern auch um die gesunde Seele. Sie erkannte den Zusammenhang von psychischen und körperlichen Leiden und brachte beides in Verbindung mit dem christlichen Glauben, einer durch die Vergebung wiederhergestellten intakten Beziehung zu Gott.

Am Übergang zur Neuzeit tat sich besonders Theophrastus Paracelsus (1493–1541) hervor, der die Chancen der natürlichen Medizin betonte und die Heilwirkung der für jeden frei zugänglichen Pflanzen lobte: „Alle Wiesen und Matten, alle Berge und Hügel sind Apotheken!"

Mit Kräutern und ihrer Wirkung beschäftigte sich auch der bayerische Pfarrer Sebastian Kneipp (1821–1897).

Mit Kneipps Namen verbinden wir heute vor allem die berühmten Wasserkuren, aber er war auch ausgewiesener Kräuter-Experte. So empfahl er zur Linderung verschiedenster Beschwerden milde Kräuter wie Melisse und Kamille in Form von kalten und warmen Tees sowie als Badezusätze. Kneipp zugeschrieben ist der Spruch: „Es ist gegen jedes Unheil ein Kräutlein gewachsen."

So ist es: In Gottes wunderbarer Schöpfung finden sich Kräuter und Gewürzpflanzen in Fülle, die dem Menschen zur Heilung von seinen Leiden und zum Genuss zugedacht sind. Wir tun gut daran, diese Schätze der Natur und das Wissen darum zu hüten und zu bewahren – und Gott dafür täglich zu danken.

Der Autor
Ekkehard Graf, geboren 1967, ist evangelischer Gemeindepfarrer in Owen/Württemberg. Er ist verheiratet, hat vier erwachsene Kinder und ist Autor mehrerer Publikationen in der Agentur des Rauhen Hauses.

Textnachweis
Die Bibelzitate sind entnommen aus: Lutherbibel, revidierter Text 1984, durchgesehene Ausgabe in neuer Rechtschreibung, © 1999 Deutsche Bibelgesellschaft, Stuttgart.

Bildnachweis
Cover: © emmi/Fotolia.com; Seite 4: © Stefan Körber/Fotolia.com; Seite 9: © Sonja Birkelbach/Fotolia.com; Seite 10: © GaramiAA/Fotolia.com; Seite 13: © tchara/Fotolia.com; Seite 14: © Andreja Donko/Fotolia.com; Seite 17: © lochstampfer/Fotolia.com; Seite 18: © Heike Rau/Fotolia.com; Seite 22: © akg-images/MPortfolio/Electa (Paolo Veronese, Gastmahl im Hause Simons [Maria Magdalena salbt Christus die Füße], um 1559 [Ausschnitt]); Seite 29: © Helmut J. Salzer/Pixelio; Seite 31: © Printemps/Fotolia.com; Seite 34: © Grey59/Pixelio; Seite 39: © oksix/Fotolia.com; Seite 42: © EcoView/Fotolia.com; Seite 43: © Edith Ochs/Pixelio; Seite 45: © akg-images; Seite 46/47: © Team 5/Fotolia.com

www.agentur-rauhes-haus.de

Satz und Gestaltung: Anne Kuhn, Ludwigsburg
Druck: Max Siemen KG, Hamburg

Quadro
Kartonierte Ausgabe: ISBN 978 3 7600 0980-3 • Best.-Nr. 1 0980-3
Gebundene Ausgabe: ISBN 978 3 7600 1911-6 • Best.-Nr. 1 1911-6